MÉMOIRE

ADRESSÉ

A M. LE MINISTRE DE L'AGRICULTURE ET DU COMMERCE

A L'APPUI

D'UN GRAND NOMBRE DE PÉTITIONS

TENDANT A

L'ABOLITION DES DROITS SUR LES BLÉS ÉTRANGERS

OU A LA

Suspension de la Surtaxe d'Entrepôt

ET AU RETRAIT DU DÉCRET DU 18 OCTOBRE 1873

QUI ENTRAVE LA RÉEXPORTATION DES FARINES

PARIS

IMPRIMERIE [ADMINISTRATIVE DE PAUL DUPONT,

41, RUE J.-J. ROUSSEAU, 41

—

1879

MÉMOIRE

ADRESSÉ

A M. le Ministre de l'Agriculture et du Commerce

A L'APPUI

D'UN GRAND NOMBRE DE PÉTITIONS

tendant à l'abolition des droits sur les blés étrangers

ou à la suppression de la surtaxe d'entrepôt

et au retrait du décret du 18 octobre 1873 qui entrave

la réexportation des farines.

PARIS

IMPRIMERIE ADMINISTRATIVE DE PAUL DUPONT

41, RUE JEAN-JACQUES-ROUSSEAU, 41

—

1879

Paris, le 30 Novembre 1879.

Monsieur le Ministre,

Délégués par le Commerce des grains et par l'Industrie de la **Meunerie,** nous avons l'honneur de porter à votre connaissance les vœux que ses membres ont émis dans leur réunion du 16 octobre dernier, tendant :

1° A l'abolition de tous droits d'entrée sur les blés étrangers, ou :

2° A la suppression de la *surtaxe d'entrepôt* sur les blés importés de l'étranger en France, édictée par la loi du 30 janvier 1872 ;

3° Au retrait du décret du 18 octobre 1873, restrictif de celui du 25 août 1861 sur l'admission temporaire du blé, ainsi conçu :

Article premier.

« L'article 3 du décret susvisé du 25 août 1861 est « modifié ainsi qu'il suit :

« Les froments étrangers destinés à la mouture pourront « être importés par tous les bureaux de douane ouverts à « l'importation des céréales ;

« La réexportation des farines ne pourra s'effectuer que
« par les bureaux de douane de la direction par laquelle
« l'importation des froments aura eu lieu. »

Si cette céréale était en France affranchie de tous droits
d'entrée, comme le sont les autres denrées de première néces_
sité, et comme cela existe dans la plupart des pays qui nous
entourent, notre industrie, libre dans ses mouvements, n'aurait aucun sujet de se plaindre : bien loin de venir réclamer
des droits protecteurs comme d'autres industries, elle ne
demanderait pas mieux que d'être abandonnée à ses propres
forces.

Malheureusement il n'en est pas ainsi ; le système fiscal
et protectionniste, inauguré après nos désastres, a aggravé
non seulement les droits d'entrée déjà existants sur le blé,
mais encore a suscité par le décret du 18 octobre 1873 des
entraves qui ont eu pour résultat de réduire nos exportations de farine à l'étranger de plus de moitié. Permettez-
nous de vous rappeler les deux régimes sous lesquels s'ef-
fectuent les importations de blés étrangers.

**1° Régime des blés importés pour la consommation intérieure
et dont les droits doivent être acquittés.**

Après la suppression de cette loi surannée connue sous
le nom d'Echelle mobile, il fut établi, par la loi du 15 juin 1861,

un droit unique sur le blé, de 60 centimes par quintal, soit pour la tonne de mille kilos :

F.   6   » A quoi il a été ajouté par la loi de 1872 :
     » 10 Droit de statistique.
    30   » Surtaxe d'entrepôt, c'est-à-dire pour les importations extra-européennes, qui ne sont pas faites directement du lieu
F. 36 10   d'origine.

Enfin par la loi de 1873 :

  1 44 Majoration de 4 0/0,
  » 36 Suppression de l'escompte de 1 0/0.

Total fr. 37 90 ou fr. 3,79 par quintal, ce qui représente 0,64 sans surtaxe par quintal.

Quoique la surtaxe d'entrepôt soit rarement perçue, son application ne tarda pas à être interrompue, car elle fut suspendue par le décret du 29 août 1873, puis rétablie par celui du 11 septembre 1874.

La cause de cette suspension se reproduisant aujourd'hui, comme en 1873, par un déficit énorme dans nos récoltes, le Gouvernement sera de nouveau obligé de décréter la suspension de la Loi.

Nous ne chercherons pas, Monsieur le Ministre, à nous expliquer ce qu'il y a d'insolite dans cette surtaxe, dont le blé est seul frappé, alors que les autres matières premières en sont exemptes, telles que la soie, le coton brut, la laine, etc.; nous sommes convaincus qu'il suffira, pour la faire définitivement disparaître, d'appeler l'attention du Gouvernement sur un impôt qui blesse le principe d'égalité, et n'a d'autres résultats pratiques que de gêner nos importations, au grand détriment de l'alimentation publique.

2° Régime du transit et de l'admission temporaire en franchise.

DÉCRET DU 18 SEPTEMBRE 1873.

Avant de vous exposer nos griefs contre cet acte administratif, nous devons vous signaler la nouvelle situation qui nous est faite par les profonds changements économiques qui se sont produits dans ces derniers temps.

D'une part, en Amérique, la culture des Céréales s'est d'autant plus étendue qu'elle a été encouragée par les progrès incessants de l'industrie des transports qui ont pour ainsi dire annulé les distances. D'autre part, une évolution inverse s'est produite dans la culture du continent européen qui a restreint ses emblavures de blé. De ces diverses causes, il est résulté que la France, qui, autrefois, exportait fréquemment, est devenue d'une façon permanente un pays d'importation comme l'Angleterre, la Belgique et la Suisse.

Cette modification dans les rôles agricoles et commerciaux

ne pourra que s'accentuer davantage dans l'avenir et a déjà eu pour effet immédiat de déplacer au profit de New-York le marché régulateur des céréales. Les prix-courants des blés sur nos marchés intérieurs ne se règlent plus que sur ceux de cette métropole commerciale, où se centralisent *l'Offre et la Demande*, car il est à remarquer que les cotes qui nous sont envoyées journellement de New-York, par la télégraphie, — agissent aussi bien sur les blés indigènes — que sur ceux que nous tirons de l'étranger ; — et que les prix des uns et des autres, à qualités égales, sont tous ramenés au même niveau. Par conséquent, la *taxe douanière*, qui entre comme élément intégral dans le prix de revient du blé exotique, quoique n'étant perçue par le Trésor que sur la quantité importée, réagit néanmoins sur l'ensemble de notre consommation et en surélève le prix d'autant. Nous nous expliquons : Supposons que la totalité de notre consommation soit de 75 millions de quintaux dont 20 millions sont importés de l'étranger, l'État perçoit bien le droit sur la quantité importée en France, — mais seulement sur cette quantité, — tandis que par la surélévation artificielle que subit l'ensemble, le consommateur paie la taxe sur 50 millions de quintaux qui est la quantité qui change de mains, 25 millions restant pour les besoins de la ferme et des semences. Nous laissons au consommateur le soin de se plaindre de ce vice, propre au principe protectionniste, qui a toujours pour effet certain de faire contribuer la masse au profit de quelques-uns ; nous nous bornons à constater et à démontrer que la taxe douanière a pour effet nécessaire de maintenir *un écart* constant et supé-

rieur entre les prix des blés en France et ceux des blés en Angleterre et en Belgique, écart qui correspond à peu près à la quotité — et souvent la dépasse — des droits perçus par la douane française, et dont nos voisins sont exempts, puisque chez eux le blé n'est soumis à aucune taxe. Ainsi, par exemple, la même quantité de blé qui coûte au Havre, droits compris, 34 francs le quintal, ne se vend dans un port belge ou anglais que 32 francs, parce que, dans ces pays, nous le répétons, il n'existe pas de droits. Nous avons vu cet écart se produire tout dernièrement entre Anvers et le Havre.

Si donc nous voulons vendre des blés ou des farines à l'étranger, il va de soi que nous ne pouvons le faire que si nous ne payons pas la matière première plus cher que nos concurrents étrangers, et, pour cela, il faut que nous soyions indemnes de tous droits sur la quantité réexportée. Cette immunité est acquise sans difficulté au blé qui est réexporté à l'état identique de blé, car il va de soi que le droit n'est dû que lorsqu'il y a mise en consommation et que la marchandise qui ressort du territoire ne doit rien au fisc. Le blé exotique qui transite d'une frontière à l'autre est en effet affranchi de tous droits. En est-il de même pour celui que nous transformons en farine pour être réexportée? Oui, en principe, suivant la loi du 5 juillet 1836 : non, en fait, pour la plupart d'entre nous. Le décret précité imposant pour condition que la réexportation des farines doit s'effectuer par le même point (ou à peu près) que l'importation du blé s'est opérée, ne nous permet pas d'user de ce droit de franchise. Ainsi le meunier dont l'usine est située sur la ligne du chemin de fer de Marseille à Genève, à Valence, par exemple, voit passer en transit international des blés que son concurrent suisse reçoit indemnes, et lui, industriel français, ne peut pas jouir de la franchise en réexportant ses farines en Suisse, comme cela s'est pratiqué antérieurement au décret du 18 octobre 1873, parce qu'il ne peut pas subir la condition qui lui est imposée de renvoyer ses farines a Marseille pour les diriger en Suisse, attendu que ce serait prendre une route diamétralement opposée à la destination réelle et que le surcroît de frais d'aller et de retour dépasserait de beaucoup le bénéfice de la franchise. Les meuniers de la Sarthe, qui importent des blés par Nantes, ne peuvent pas non plus réexporter leurs farines par Caen ou Honfleur, et quand ils importent par Caen ou Honfleur ils ne peuvent pas réexporter par Nantes. Pour les usines de la frontière Nord-Est qui s'étend de Dunkerque à Belfort, c'est bien autre chose ! Si les nombreuses usines établies sur cette longue zone, importent par le port de Dunkerque, il leur est interdit de réexporter en Belgique ni en Alsace-Lorraine ; aussi, autant que possible, elles tirent leurs blés du port d'Anvers parce qu'ils entrent par la frontière Est qui fait face à leurs débouchés ; ce qui leur permet de réexporter. Les restrictions du décret ont ici pour double conséquence sur la frontière Est de forcer à éluder la surtaxe d'entrepôt et de protéger le port d'Anvers au détriment des ports français. C'est ce que nous nous permettons d'appeler de la *Protection au rebours*.

Enfin notre industrie, qui a été prospère sous l'empire du décret du 25 août 1861, réexportait, en moyenne, pendant la

période de 1865 à 1869, 169,000 tonnes ou 1,690,000 quintaux de farine représentant une valeur de 69 millions, a
vu cette prospérité presque anéantie par le décret du 18
octobre 1873, la moyenne de 1874 à 1878 est descendue à
69,000 tonnes ou 690,000 quintaux, représentant une valeur
de 28 millions, soit une réduction de près des deux tiers !
Aux réclamations individuelles que nous avons faites, le
Gouvernement précédent nous a répondu par une fin de non-
recevoir basée sur des besoins budgétaires qui ne lui
permettaient pas de laisser échapper une portion quelconque
des recettes appartenant au Trésor. Les hauts fonctionnaires
du fisc, qui ont été les instigateurs du décret du 18 Octobre
1873, ont fait entendre au Gouvernement d'alors qu'il récu-
pérerait plusieurs millions en apportant dans l'admission
temporaire des blés les restrictions contre lesquelles nous
nous élevons. Sans se préoccuper si elles troubleraient les
plus légitimes intérêts, créeraient des inégalités, exigeraient
mêmes les taxes de ceux qui ne les doivent pas, le Gouvernement précédent a rendu, dans un but d'étroite fiscalité, le
décret du 18 octobre 1873 qui est antinomique à notre droit
public.

Par une habitude d'esprit bien naturelle chez des Agents
du fisc, ils ne voient partout que de la fraude; ils ont prétendu
que l'admission temporaire, telle qu'elle était pratiquée
depuis le décret de 1861, donnait lieu à une fraude qui avait
pour but et pour résultat d'éluder les droits d'entrée sur le
blé importé de l'étranger, que le blé était admis en franchise
dans le port de Marseille sous le bénéfice de l'acquit-à-caution,

que la farine provenant de ce blé, au lieu d'être réexportée, était versée dans la consommation, et que, par un concert frauduleux entre l'importateur de Marseille et un exportateur de farines de Dunkerque, par exemple, l'acquit-à-caution était envoyé à ce dernier et déchargé par lui au moyen de farines ne provenant pas du blé importé; l'acquit-à-caution seul avait voyagé, et que la farine substituée à Dunkerque à celle provenant du blé étranger était sans corrélation avec elle; que de cette combinaison, il résultait que le Trésor était frustré du droit d'entrée qu'il aurait dû percevoir et que se partageaient en bons larrons l'importateur et l'exportateur qui, associés entre eux, synthétisaient fictivement l'opération d'admission temporaire.

Nous pourrions réduire à peu de chose ces accusations excessives ou exagérées et y répondre par la question préjudicielle, à savoir : que la fraude ne se présume pas, qu'elle se prouve; mais aujourd'hui, moins que jamais, les présomptions de la douane ne sont vraies et s'appliquent à une époque toute autre. En effet, les temps sont bien changés : nous ne sommes plus dans cette période où le Nord et le Centre de la France avaient des excédants presques constants et où nous n'importions du blé que par Marseille et réexportions nos propres produits par les frontières opposées. Aujourd'hui, il n'en est plus de même : nos déficits sont permanents, et les blés exotiques, pour les combler, pénètrent par toutes nos frontières; il saute aux yeux que nos importations dépassant nos exportations, nous ne pouvons réexporter des blés ou des farines à l'étranger qu'en évitant le paiement des droits en

France sur la quantité réexportée : nous n'avons plus pour ces deux articles avec nos acheteurs étrangers qu'un commerce d'entrepôt. Le courant commercial est retourné ; les transports de céréales, qui, autrefois, se dirigeaient de l'Est à l'Ouest, suivent une direction inverse et vont de l'Ouest à l'Est. La France, par sa position géographique, est donc bien placée pour être un intermédiaire entre les pays producteurs et les pays consommateurs : nous ne demandons pas au Gouvernement de faciliter ou de protéger ce courant naturel, mais seulement de ne pas le gêner en ce qui concerne l'industrie de la meunerie, qui réexporte le blé à l'état de farine. Cette transformation ne permettant pas aux agents de la douane de s'assurer de l'identité du produit réexporté avec la matière première importée, il faut qu'ils admettent franchement, comme pour toutes les autres industries, le système de *l'équivalent,* sans nous imposer des détours dans les transports, qui sont, permettez-nous de le dire, Monsieur le Ministre, une dérision quand il s'agit d'une matière aussi pondéreuse que la farine, qui exige la plus stricte économie dans ses déplacements.

Nous nous demandons vainement quelles objections pourraient s'opposer au retour pur et simple du décret du 25 août 1861. Nous ne sollicitons ni faveur ni primes d'exportation ; nous demandons à l'État que, comme pour les sucres et les fontes de fer, notre industrie soit exonérée des droits afférents à notre matière première quand nous en sortons le produit. Obligés d'accorder à notre acheteur étranger la défalcation des droits sur nos produits, il faut bien que nous en soyons exonérés, puisque, sans cette abstraction des droits, la vente et l'exportation à l'étranger n'auraient pas lieu.

Que l'État persiste à maintenir des entraves qui nous privent de cette exonération, il ne sortira presque plus de farines de France ; et, comme il ne s'importera pas plus de blé pour la consommation intérieure, le Trésor n'y gagnera rien, mais le travail national perdra tout.

Les mouvements à contre-sens que nous impose ce malencontreux décret s'expliquent d'autant moins que les autres industries, comme nous l'avons dit, n'y sont point soumises. Rien de semblable n'est imposé aux fondeurs et aux raffineurs de sucre, qui jouissent du système de l'équivalent sous le régime de l'admission temporaire en toute liberté. C'est par une réminiscence de l'échelle mobile que ces inconcevables restrictions,— qui n'ont pas de raison d'être,— nous sont imposées. Elles sont d'autant plus intempestives que, par représailles, nos produits vont être frappés par l'Allemagne d'un droit de 2 fr. 50 par quintal à partir du 1er janvier prochain. Le maintien du décret du 18 octobre 1873 rendrait la concurrence impossible à l'étranger.

Il est donc plus que jamais nécessaire que si les droits d'entrée en France sur le blé ne pouvaient pas être immédiatement supprimés, nous soyions replacés au plus tôt sous le régime du décret du 25 août 1861, par l'abrogation de celui du 18 octobre 1873.

Il appartient à votre initiative éclairée, Monsieur le Ministre, et vous avez le droit d'accomplir cet acte réparateur, dont toute la Meunerie française et le commerce des grains vous seront reconnaissants.

LES DÉLÉGUÉS DU COMMERCE DES GRAINS
ET DE LA MEUNERIE.

PARIS. — IMPRIMERIE ADMINISTRATIVE DE PAUL DUPONT

41, rue J.-J.-Rousseau (Hôtel des Fermes)